AF312520

LA MORT

DE

CADET-ROUSSEL,

FOLIE OU NON,

EN UN ACTE, MÊLÉE DE VAUDEVILLES,

PRÉCÉDÉE

DE LA TABAGIE,

PROLOGUE EN PROSE ET EN VAUDEVILLES.

Par M.ⁱⁿ-J.^x BOULLAULT.

Représentée sur le théâtre de la Cité-Variétés,
le 20 Vendémiaire an 7 de la Rép. française.

» Ainsi tel rit à la parade,
» Qui refuse à Joly des pleurs. »

PROLOGUE, Scène III.

⬌

A PARIS,

Chez BARBA, Libraire, au Magasin des Pièces de théâtre,
quai Conti, maison du petit Dunkerque, vis-à-vis le Pont-Neuf.

AN VII.

PERSONNAGES.	ACTEURS.
BONTEMS.	Le cit. BAROTEAU.
MANON BONTEMS sa fille.	La cit. DESFRNAUD.
CRISPIN.	Les cit. MAYEUR.
ARLEQUIN.	FAUR.
PASQUIN.	SAINT - MARTIN.
GRIGNAC.	DUMONT.
TRIVELIN.	BOICHERESSE.
CLOUTIER.	
BUVEURS.	
GARÇONS de la Tabagie.	

Je déclare placer cet ouvrage sous la probité des citoyens
et la sauve-garde des Loix, protectrices de la propriété. Je
déclare de plus que je poursuivrai, avec toute leur rigueur,
tout Administrateur, Actionnaire, ou Entrepreneur de specta-
cles qui le ferait représenter sans un consentement formel et par
écrit, signé de moi ; invoquant à cet égard la surveillance des
Autorités constituées. Paris, 16 Vendémiaire an 7.

BOULLAULT.

LA TABAGIE,

PROLOGUE

EN PROSE ET EN VAUDEVILLES.

DÉCORATION.

Intérieur d'une Tabagie. Plusieurs buveurs atablés, buvant, fumant et jouant au domino. Tel est le tableau que l'on doit voir au lever de la toile.

SCÈNE PREMIÈRE.

MANON, *assise dans un comptoir placé à la deuxième coulisse, à droite de l'acteur.*

(Elle sonne. Un garçon paraît).

Servez de la bière.

SCÈNE II.

MANON, CRISPIN.

CRISPIN.

Bonjour, belle Manon.

MANON.

Votre servante, M. Crispin.

CRISPIN.

« Mon maître qui m'attend au carrefour prochain,
« M'envoie ici devant pour sonder le terrain.
Votre santé me paraît toujours des mieux conditionnée?

MANON.

Vous ne vous trompez pas.

A 2

CRISPIN.

Air : *Adieu paniers, vendanges sont faites.*

A votre friponne de mine
Que l'on voit en enrageant ;
Ah ! dans votre œil vif et piquant,
Sans peine assurément on le devine.

MANON.

Toujours galant.

CRISPIN.

Près de vous cela peut-il être autrement ?

MANON.

Vous êtes bien poli.

CRISPIN.

Je suis français, et cette politesse ne doit pas vous surprendre.

MANON.

Ah ! c'est qu'aujourd'hui, elle est un peu négligée.

CRISPIN.

Vous avez raison. Mais il faut tout espérer du caractère national.

Air *du vaudeville de l'Officier de fortune.*

Voulez-vous qu'un français oublie
Ce qui le distingua toujours ?
Pour lui les charmes de la vie
Sont dans la gloire et les amours.
Il sait qu'en volant sur leurs traces.
Il ne peut avoir de succès ,
Qu'autant qu'il emprunte des Grâces   } bis.
Le ton, le langage et les traits.

MANON.

Savez-vous, M. Crispin, que vous avez une façon de vous exprimer qui n'est pas commune.

CRISPIN.

Il ne faut pas que cela vous étonne, ma toute adorable. Tel que vous me voyez, je fréquente habituellement comtes, marquis, barons, chevaliers.

MANON.

Comment, à présent ? vous badinez. Cela ne se peut pas.

CRISPIN.

Pardonnez-moi. Je me trouve avec eux tous les jours au théâtre.

Air : *La comédie est un miroir.*

Si les comtes et les marquis
Ne sont plus connus dans la France ;
En scène encor ils sont admis,
On rit de leur extravagance....
Nos parvenus, leurs successeurs,
Sont une mauvaise copie
Des tableaux que plusieurs auteurs
En ont fait dans la comédie.   bis.

MANON.

Ces tableaux devraient pourtant corriger nos modernes enrichis.

CRISPIN.

Ils attendent, sans doute, qu'on les relègne au théâtre comme leurs modèles. — Dites-moi, vous n'avez point encore vu mes amis ?

MANON.

Non, M. Crispin. Ils ne tarderont pas, sans doute. — Savez-vous que mon père est on ne peut plus flatté du choix que vous avez fait de sa tabagie pour votre rendez-vous.

CRISPIN.

C'est nous, belle Manon, qui devons nous en louer.

Air *du vaudeville des Visitandines.*

Peut-être le censeur austère
D'un mauvais œil nous voit ici ;
Mais il serait bien moins sévère
Sachant comme on est accueilli.   bis.
Un peu de gaité, de folie,
Dans le comptoir, minois joli :
Voilà ce qui rassemble ici
Les joyeux enfans de Thalie.   bis.

MANON.

Monsieur Crispin est bien honnête.

SCÈNE III.

LES PRÉCÉDENS; GRIGNAC, TRIVELIN, CLOUTIER.

GRIGNAC.

SERBITUR, citoyenne Manon.

MANON.

Bien le bonjour, citoyen Grignac.

GRIGNAC.

Boulez-bous vien nous faire serbir une demi-vouteille de
vierre et trois berres vlancs. C'est moi qui régale.

CRISPIN, *à part.*

On ne sera pas long-tems à table.

MANON.

Vous allez être servis dans la minute.—— *Elle sonne un garçon, pendant que Grignac et ses compagnons se placent à
une table. Au garçon.*—— Une demi-bouteille de bière et trois
verres à la table du citoyen Grignac.

CRISPIN *au garçon.*

Vous m'en apporterez une aussi.

GRIGNAC.

Sandis, jé suis vien aise dé bous aboir rencontrez. —— Juste-
ment j'avais enbie dé mé rafraîchir : mais, boyez-bous, jé n'aime
pas à voir tout sul.

TRIVELIN.

Ah ! mon dieu ! j'suis com'ça. Et puis entre camarades de déclamation, ça fait toujours plaisir de se trouver ensemble.

GRIGNAC.

Sans doute. Allons, buvons, mes amis.

MANON *à Crispin.*

Vous ne connaissez pas les personnages de ce nouvel écot?

CRISPIN.

Je n'ai pas cet avantage.

MANON.

Ce sont des élèves de Cadet-Roussel pour la déclamation.

CRISPIN.

Peste ! on les reconnaît à la dépense.

TRIVELIN.

C'est pourtant ben guignonant que not' professeux soit com'ça
tombé. . . . .

GRIGNAC, *l'interrompant.*

Comment, tomvé ! qué disès ?

Air :

    Mon chère vous êtes dans l'erreur
    Car la meilleure compagnie
    Préfère notre professeur
    Même à la bonne comélie.
    Cadet-Roussel est du bon ton
    Et se mocque de la critique,
    Puisqu'on déserte Agamemnon ,
    Pour voir son école tragique.

CRISPIN, *à part.*

« Le bon sens du maraud, quelquefois m'épouvante. »

TRIVELIN.

Mais tu ne m'as pas laissé achever jusqu'à la fin. — J'voulais dire que c'était ben guignonant qui fût tombé malade.

GRIGNAC.

Certainement que c'est bien malheureux. Sandis, céla mé fait un tort considérable. Bous n'avez pas d'idée, quand les leçons sont interceptées, combien cela recule les progrès dé l'art. — *Ils s'occupent à fumer.*

CRISPIN.

Cadet-Roussel malade ! que vont devenir les amateurs du bon goût ? Et vous, belle Manon ; cela doit vous faire de la peine ; car enfin, vous avez été sur le point de partager la couche de ce célèbre artiste.

MANON.

Fi donc, M. Crispin. Il est vrai que mon père, ne consultant que l'intérêt, avait formé ce projet pour l'attacher à son café. Mais je n'ai jamais eu le moindre penchant pour lui. Ses giries ne m'en ont jamais imposé. Quoiqu'habituée à voir la parade, j'ai toujours eu un dégoût pour ce genre de pectacle. Je n'aime que la bonne comédie. Aussi est-ce moi qui ai déterminé mon père à congédier ses banriroches.

CRISPIN.

Cadet-Roussel n'y a pas perdu. Le voilà maintenant en pied au nouveau théâtre où il est entré. Il fait même les délices de la bonne société : et je suis bien sûr qu'en apprenant sa maladie, plus d'une petite maîtresse tombera en syncope.

Air : *Du serein qui te fait envie.*

Celle qui fut indifférente
A la nouvelle de la mort
De l'actrice aimable et charmante
Que le théâtre pleure encor,
Sachant Cadet-Roussel malade
Aura migraines et vapeurs.
Ainsi tel rit à la parade
Qui refuse à Joly des pleurs.   bis.

SCÈNE IV.

LES PRÉCÉDENS ; PASQUIN, ARLEQUIN.

PASQUIN.

AH ! te voilà déjà, Crispin !

CRISPIN.

Je vous attendais, mes amis.

ARLEQUIN.

Y a-t-il long-tems que tu es ici ?

CRISPIN.

Un quart-d'heure , environ.

PASQUIN.

C'est ce qui s'appelle être exact au rendez-vous. Moi, je n'ai pu venir plutôt, à cause de la répétition de la comédie nouvelle.

CRISPIN.

Je ne t'en fais pas de reproches.

ARLEQUIN.

Je le crois bien. Le coquin n'a pas perdu son tems.

CRISPIN.

Ah ! mon cher Arlequin , point de mots à double entente.

ARLEQUIN.

Air : *Nous sommes précepteurs d'amour.*

Mais je te parle sans façon
Et je crois bien me faire entendre.
En voyant la belle Manon,
Il est aisé de me comprendre.

PASQUIN.

Toujours de la malice. (*A Manon*). Il ne faut pas vous en étonner : c'est un desservant du Vaudeville.

MANON.

Oh ! je sais qu'il a toujours

Le petit mot,
Le petit mot
Pour rire.

bis.

ARLEQUIN.

Dam, écoutez donc : c'est bien pardonnable.

Air *de la Pipe de tabac.*

Le Vaudeville ne peut plaire
Que par l'esprit et la gaîté.
Sa plume folâtre et légère ,
Ne blesse jamais la beauté.   bis.
La belle Manon ne peut craindre
Les traits de sa malignité.
Avec elle il ne saurait peindre ,
Que l'amour et la volupté.   bis.

PASQUIN, *à Manon.*

Vous voyez que, s'il est méchant , il est aussi par fois galant. Je n'ajouterai rien à ce qu'il vient de vous dire. Vous pouvez le regarder comme mon interprète. Mais , après avoir si bien parlé , un verre de bière aura son prix. Veuillez nous en faire servir. Cela nous procurera le plaisir de boire à votre aimable santé.

M A N O N.

Très-volontiers. — *Elle sonne un garçon.* — Servez.

C R I S P I N.

Prenons place. — *Ils s'asséient.*

A R L E Q U I N.

Oui, ouvrons la séance.

P A S Q U I N.

Et sur-tout de la gaîté.

C R I S P I N.

Sans doute. Montrons-nous les vrais enfans de Thalie.

P A S Q U I N.

Arlequin nous chantera quelques couplets.

A R L E Q U I N.

De tout mon cœur, mes amis.

C R I S P I N.

Cela ne nous empêchera pas de fumer la pipe.

P A S Q U I N.

Eh ! parbleu, non. Du tabac ? (*On leur sert du tabac et du feu*). C'est l'encens qu'on doit brûler dans le temple de Bacchus et de la Folie. Parbleu, mes amis, notre réunion me rappelle les joyeuses parties des *Piron*, des *Vadé*, qui ne dédaignaient pas de rire dans un modeste cabaret. Je ne prétends pas au moins établir aucune comparaison. Mais ce souvenir a quelque chose de piquant. Allons, mes amis, buvons à leur mémoire. (*Ils se versent à boire*).

C R I S P I N.

C'est bien dit.

A R L E Q U I N, *trinquant.*

J'appuie la motion.

T R I V E L I N.

V'là, si je ne me trompe, des enfans de la jubilation.

G R I G N A C.

Ils né m'ont pas l'air dé jouer lé drame.

A R L E Q U I N.

Revenons à nos moutons. Vous m'avez demandé des couplets. Je vais vous chanter la mésaventure d'un enfant que le désir de voyager avait fait quitter sa famille. Cela vous intéressera d'autant plus, que vous le connaissez, et que, par son caractère, il est assez aimable.

P A S Q U I N.

Nous t'écoutons.

ARLEQUIN.

Air : *On compterait les diamans.*

Certain petit enfant malin
Qu'on dit enclin à la satyre,
Un beau jour se mit en chemin,
Comptant sur sa joyeuse lyre
Il part, croyant que le succès
Doit-être par-tout son partage ;
Mais ses hôtes par des sifflets
Le punissent de son voyage. bis.

PASQUIN.

Comment siffler un enfant aimable ?

ARLEQUIN.

Que veux-tu ? Je dirai comme Figaro : la jeunesse est si malheureuse !

Second couplet.

Fâché des pas qu'il a perdus,
Tout bas il enrage et murmure,
Et jure bien qu'il n'ira plus
Ainsi courir à l'aventure.
Il revient donc chez ses parens :
La vengeance en ses yeux pétille ;
Mais doit-on plaindre les enfans
Qui s'éloignent de leur famille. bis.

Devinez-vous quel est le vagabond !

CRISPIN.

Non, de par tous les diables.

PASQUIN.

Le connaissons-nous ?

ARLEQUIN.

Oh ! beaucoup.

CRISPIN.

Son nom ?

ARLEQUIN.

C'est le petit Vaudeville.

PASQUIN.

Malpeste !

CRISPIN.

En effet, j'ai entendu parler de l'accueil injuste et mal-hon-
nête qu'on lui avait fait.

PASQUIN.

Et qu'il ne méritait pas. Heureusement il est à même de s'en
consoler.

ARLEQUIN.

Et de s'en venger.

Air *du vaudeville de Figaro.*

Le Vaudeville, en silence,
Peut-il souffrir les sifflets
Que lui lança l'insolence
Des normands peu satisfaits.
Cet espiègle, à sa vengeance,
Appelle tous les français,
Comptant bien sur le succès.   bis·

PASQUIN.

Pour moi, je l'aime à la folie. Son esprit, sa gaîté, son
enjouement, tout en lui m'intéresse. Et, d'ailleurs, son genre
est familier à presque tous les français.

Air *du Pas redoublé.*

BOILEAU nous dit avec raison,
    Dans son art poëtique,
Que pour bien faire une chanson
    Le français est unique.
Joyeux et critique refrain
    Est pour lui très-facile.
Aussi le français né malin
    Créa le VAUDEVILLE.

ARLEQUIN.

Il est plus d'un auteur qui dit avoir à s'en plaindre, qui ne
·manquera pas de rire de sa mésaventure. Pour moi, voici ce que
je pense à son égard.

Air *du vaudeville d'Arlequin afficheur.*

Je ne puis croire, en vérité,
Aux torts qu'on donne au Vaudeville :
Je crois à son aménité;
A l'esprit elle est si facile !
Pour moi, de lui je suis content ;
A le defendre tout me porte;
Car il m'inspire l'enjouement
Dès que je vois la porte.   bis.

SCÈNE V.

LES PRÉCÉDENS; le citoyen BONTEMS.

BONTEMS, *en grande toilette, à Pasquin, Crispin et Arlequin.*

AH! citoyens, je vous salue.

PASQUIN.

Bonjour, père Bontems. La santé?

BONTEMS.

Vous me faites beaucoup d'honneur. Je me porte assez bien.

CRISPIN.

Où allez-vous donc comme cela? Vous voilà en grande toilette.

ARLEQUIN.

C'est vrai : on vous prendrait pour un décadi.

BONTEMS.

Ma foi, je conduis ce soir au spectacle ma fille Manon.

PASQUIN.

C'est fort bien fait.

BONTEMS.

Oui, je m'en vais voir la première représentation de la mort de Cadet-Roussel.

PASQUIN.

La mort de Cadet-Roussel !

GRIGNAC *se levant de table avec ses deux camarades.*

Qu'est-ce qué vous dites donc, citoyen Bontems?

BONTEMS.

Est-ce que vous ne m'avez pas entendu ?

GRIGNAC.

Bous parlez dé la mort dé Cadet-Roussel. Cé n'est, sans doute qu'une mauvaise plaisanterie qué bous boulez faire.

BONTEMS.

Non. Ce n'est pas moi qui l'ai faite ; mais toujours est-il vrai que l'on joue ce soir la mort de Cadet-Roussel.

GRIGNAC.

Comment! on sé permet dé jouer céla cé soir? Ah! sandis, nous allons boir veau jeu.

TRIVELIN.

Tu ne vois pas que c'est une mauvaise niche que l'on veut faire à not' professeux.

GRIGNAC.

Assurément. C'est uné cabale. Mais elle né réussira pas. Allons bîte, mes amis, prendre des villets. C'est-là lé cas dé nous montrer. (*Sortant*). Ah! nous berrons, nous berrons, petits enbieux.

TRIVELIN, *sortant avec Grignac.*

Oui, oui. Nous les arrangerons.

SCÈNE VI ET DERNIÈRE.

LES PRÉCÉDENS, excepté GRIGNAC, TRIVELIN
et CLOUTIER.

CRISPIN.

PESTE! comme ils s'échauffent!

BONTEMS.

Cela n'est pas étonnant. Ce sont les élèves de Cadet-Roussel.

ARLEQUIN.

Dam, écoutez donc : la reconnaissance.

PASQUIN.

Le talent opprimé.

CRISPIN.

Ma foi, mes amis, si vous m'en croyez, nous irons voir la nouveauté.

PASQUIN.

J'allais vous le proposer.

CRISPIN.

Dans ce cas, je m'en vais payer l'écot, et nous partons sur-le-champ.

ARLEQUIN.

Eh! mais, nous irons de compagnie avec le papa Bontems et la belle Manon. (*A Bontems*). Hein? qu'en dites-vous?

BONTEMS.

Je suis trop flatté, certainement, d'être dans votre société.

ARLEQUIN.

Eh! bien, c'es arrangé.

Air *de la croisée.*

Avec plaisir nous allons voir
Porter Cadet-Roussel en terre.
C'est pour nous peut-être un devoir,
Car on le fit notre confrère.
Mais je crois qu'on parle au hasard
De cet enfant de la Folie :
Je ne vois pas même un bâtard
    De l'aimable Thalie.   bis.

Fin du Prologue.

PERSONNAGES.   ACTEURS.

La mère ROUSSEL. . . . . *La cit. HAINAULT.*

CADET-ROUSSEL. . . . . *Les cit. BEAULIEU.*

Un Médecin. . . . . *POMPÉE.*

BEUGLANT, auteur. . . . . *GENEST.*

GRIGNAC, gascon, élève de
 CADET-ROUSSEL. . . . . : *DUMONT.*

DORVILLE, clerc de notaire,
 ami du bon goût. . . . . . *CHEVALIER.*

MANON CLOUTIER. . . . *La cit. JULIE.*

---

*La scène est à Paris, dans l'appartement de
Cadet-Roussel.*

LA MORT

DE

CADET-ROUSSEL,

FOLIE OU NÓN,

En un acte, en prose, mêlée de vaudevilles,
ornée de funérailles et ballets.

DÉCORATION.

*Chambre rustique. A la troisième coulisse, à
gauche de l'acteur, est la porte du cabinet de
Cadet-Roussel.*

SCÈNE PREMIÈRE.

LA MÈRE ROUSSEL, *assise auprès d'une table.*

C'PAUVE Cadet ! in'fait qu'empirer. Sa maladie m'donne ben
du souci.

Air : *Nous sommes précepteurs d'amour.*

> Grace à la déclamation,
> Mon cher Cadet est ben malade.
> Je crains que le pauve garçon
> Ne finisse pas la décade.

J'lui disais ben qu'il entreprenait trop à-la-fois. A peine est-
il établi Barbier a la fontaine d's'Innocens, qui n'se contente pas
de faire la barbe à tout le monde, i faut qui prenne une femme
pour le faire enrager, et une école de déclamation pour l'épou-
monner. J'espère qu'en v'la-t-assez pour mettre un homme sur les
dents. J'suis ben en peine de ce que va me dire l'médecin. Il est
long-tems à le consulter. Le fond de la maladie de Cadet est ben

facile à d'viner. C'est-z-un épuisement mêlé-z-à un fond d'cha-
grin, occasionné par l'divorce d'sa méchante femme.

SCÈNE II.

LA MÈRE ROUSSEL, LE MÉDECIN.

La mère ROUSSEL.

EH ben, citoyen docteur, qu'est-ce que vous dites de Cadet?
LE MÉDECIN.
Ah! sa maladie est grave.
La mère ROUSSEL.
Est-ce que vous n'y voyez pas de remède?
LE MÉDECIN.
Pardonnez-moi. Mais je crains que nous ne les administrions
sans succès.
La mère ROUSSEL.
C'est-z-égal : faut toujours en essayer.
LE MÉDECIN.
Sans doute. Il vaut mieux n'avoir rien à se reprocher.
La mère ROUSSEL.
Eh ben, dites-moi ce qu'i faut faire.
LE MÉDECIN.
Ce qu'il faut faire? s'opposer aux progrès du reflux du mau-
vais goût qui le suffoque. En conséquence, lui composer une
tisanne de Molière infusée dans un brain de talent.
La mère ROUSSEL.
Mais j'nons jamais entendu parler d'ces drogues-là.
LE MÉDECIN.
Des drogues! ah! quel blasphême! C'est bien ici le cas de
dire: *Spargere margaritas....* Ecoutez-moi, mère Roussel.

Air : *On compterait les diamans.*

Ce remède à vous inconnu
Est on ne peut plus efficace.
Comment douter de sa vertu
Quand rien encor ne le surpasse.
Ah ! croyez qu'il est très-prudent,
Qu'avec promptitude on l'applique.
Au mauvais goût toujours croyant
C'est un remède spécifique.　　　　　bis.

La mère ROUSSEL.

Je ne demandons pas mieux que de suivre vot' ordonnance.
Mais à qui m'adresser pour l'avoir de bonne qualité?

LE MÉDECIN.

Eh ! parbleu, chez le pharmacien qui demeure dans la rue de la Comédie française.

La mère ROUSSEL.

C'a suffi. J'lui dirai que j'viens de vot' part. Et vous croyez qu'avec ça Cadet pourra se tirer d'affaire ?

LE MÉDECIN.

Mais il est possible que la réussite couronne les soins que nous lui donnons.

CADET-ROUSSEL, *dans la coulisse.*

Ma p'tite maman !

La mère ROUSSEL.

Tenez, le v'là qui m'appelle.

LE MÉDECIN.

Allez savoir ce qu'il vous veut.

La mère ROUSSEL.

Vous le permettez, citoyen docteur. J'm'en y vais ; ben des excuses si j'vous laissous seul.　　　　(*Elle sort*).

LE MÉDECIN.

Comment donc ? c'est tout naturel, mère Roussel.

SCENE III.

LE MÉDECIN *seul.*

CETTE pauvre femme se désole. Elle craint de perdre son fils. Elle voudrait que je pusse l'assurer qu'il en réchappera. Pour la satisfaire, j'ai consenti à lui rendre quelques visites qui, je crois bien, seront infructueuses.

Air *de la Croisée.*

En promettant de le guérir ,
Je ferais injure à Molière ,
Qui depuis long-tems doit gémir
De l'aveuglement du parterre.
Sa mère doit se consoler
Dans cette triste circonstance ,
Si son trépas peut rappeler
Le bon goût dans la France.　　　　bis.

B

SCENE IV.

LE MÉDECIN, LA MÈRE ROUSSEL.

LE MÉDECIN.

EH ! bien, qu'est-ce qu'il vous voulait ?

La mère ROUSSEL.

C'était jusse pour me demander un livre de tragédie.

LE MEDECIN.

Gardez-vous bien de lui en donner.

La mère ROUSSEL.

C'est c'que j'ai fait aussi.

Air *du vaudeville de la Soirée orageuse.*

Pour moi, je crois qui perd l'esprit,
Avec sa diabe d'trageudie :
C'est ell qui l'a m s dans son lit,
En danger de perdre la vie.

LE MÉDECIN.

Vous vous trompez, mère Roussel.

La tragédie assurément
N'a pas rendu Roussel malade,
Puisque, du citoyen Beuglant,
La pièce n'est qu'une parade.

La mère ROUSSEL.

Eh ! ben, voyez pourtant : on disait que c'était superbe.

LE MEDECIN.

Oui, pour le Café des Aveugles. Mais, je m'occupe ici de lit-
térature, et j'oublie que j'ai des malades à visiter. Adieu, mère
Roussel.....; ne négligez pas sur-tout mon ordonnance. (*Il sort*).

La mère ROUSSEL, *le reconduisant.*

Oh ! vous pouvez-t-être sûr que j'la suivrai-z-à la lettre.

SCENE V.

LA MÈRE ROUSSEL *seule.*

J'N'AURAIS pourtant pas tout c'taintouin-là, si Cadet
avait voulu s'borner z-à son plat à barbe. I pouvait aussi ben
faire d's'élèves dans st'état-là com' pour la déclamation. Mais,
non. L'amour d'l'art l'a toujours aveuglé. C'que vient d'me
dire l'docteur me le prouve ben. Cadet s'imaginait jouer la trageudie : et c'n'était q'la parade.

Air *de la Pipe de tabac.*

Tel qui se fie à sa maitresse
Que l'on voit dupe très-souvent.
Tel croit avoir de la sagesse
Que nous voyons déraisonnant.   bis.
Tel auteur croit bonne sa pièce,
Qui s'abuse en son jugement.
Telle est des hommes la faiblesse,
Que chacun s'aveugle aisément.   bis.

Queuq'j'entends donc? C'est queuqu'un qui monte ici. Ah! c'est peut-être queuq'élève d'Cadet qui vient l'voir.

SCENE VI.

LA MÈRE ROUSSEL, MANON CLOUTIER.

La mère ROUSSEL.

COMMENT! c'est toi, méchante femme! et que viens-tu chercher-z-ici?

MANON.

Ah! mère Roussel, je n'sai qu'trop les reproches que j'mérite.

La mère ROUSSEL.

Viens-tu insulter-z-à ta victime?

MANON.

Ben du contraire; j'viens faire l'aveu des torts que j'ai-z-envers vot' fils.

La mère ROUSSEL.

As-tu pu te comporter com'ça avec lui? I t'aimait, c'pauve garçon; et tu vas devorcer d'avec lui: pour qui? pour st'imbécille d'Blanchet, qui te plantera-là-z-à son tour.

MANON.

Ah! mon dieu j'm'attends à tout, puisque j'ai pu trahir l'premier lien nuptial. Qu'on est malheureux d'avoir-z-un cœur!..... Ah! ah! ah!.... ça vous fait faire ben des sottises... Ah! ah! ah!

La mère ROUSSEL.

Il est ben tems d'pleurnicher-z-à présent. Tu crois p't'êt m'attendrir. Mais, bernic. En v'la-t-assez d'giries com' ça. J'crains ben q'mon pauve Cadet n'en soit la dupe.

MANON.

Comment! est-ce que vous croyez qu'il en mourra?

La mère ROUSSEL.

L'pauve garçon est ben mal.

B 2

MANON.

J'ai donc ben fait d'venir.

La mère **ROUSSEL.**

Et pourquoi ça, si vous plaît!

MANON.

Air *du Pas redoublé.*

Si Cadet-Roussel, tout de bon,
Touche à sa dernière heure,
Je veux obtenir mon pardon
Auparavant qu'il meure.
N'est-ce donc pas un bon moment
Pour faire ma visite?
Pour notre raccomodement
De sa mort je profite.

La mère **ROUSSEL.**

Si c'est dans st'intention q't'es v'nue-z-ici, tu peux ben t'en retourner, car tu ne le verras pas.

MANON.

Comment? vous pousseriez la cruauté jusqu'à m'ôter la consolation d'le voir à ses derniers momens.

La mère **ROUSSEL.**

Oui. Je n'veux pas qui revoie-z-une ingrate qu'il n'a que trop vue.

MANON.

C'est-là vot' dernier mot.

La mère **ROUSSEL.**

Sans rappel.

MANON.

Sans rappel. Allez, on voit ben q'vous avez le cœur dur com' le parchemin d'un tambour.

La mère **ROUSSEL.**

Quoique tu dis, insolente?

MANON.

Je ne dis rien: j'men vas, mère endurcie. Mon cher Cadet, je ne te verrai donc plus. Mais c'est-z-égal. Sois sûr q'mon r'pentir te suivra jusqu'au tombeau.   (*Elle sort*).

La mère **ROUSSEL.**

Oui, oui; chantes, chantes, avec ton r'pentir d'hasard.

SCENE VII.

LA MÈRE ROUSSEL *seule.*

DÉMON incarné! maudit soit le jour où i t'a connue. Mais aussi Cadet n'pouvait pas t'et heureux d't...

d'son mariage, i gagne un ambre à la loterie. Et sti-là qui est heureux au jeu, est presque toujours malheureux en femme. — Ste p'tite guénon ; pendant que Cadet s'tuait-z-à la déclamation, elle écoutait la fleurette de ce scélérat d'Blanchet. Enfin, tant il y a, q'ça en est venu au divorce. — I m'semble entendre du bruit dans l'cabinet d'Cadet. Est-ce qu'il aurait besoin de queuque chose ?

SCENE VIII.

LA MÈRE ROUSSEL, CADET-ROUSSEL.

CADET-ROUSSEL, *en camisole de nuit et en pantalon turc.*

« A TOUS les cœurs bien nés que la patrie-z-est chère !
» A me revoir ici je ne m'attendais guère.
» On m'y vit enterrer tous mes rivals jaloux :
» Et pourtant je n'avais joué qu'au Pont-aux-Choux. »

La mère ROUSSEL.

Ah ! mon Dieu ! il est dans le transport. — Cadet, mon cher Cadet !

CADET-ROUSSEL.

« C'est vous, princesse, ô ciel ! vous me rendez la vie.
» D'un estimable époux je vous crus l'ennemi. »

La mère ROUSSEL.

Allons, v'la ti pas qui m'prend pour une princesse. Cadet, c'es ta mère qui te parle !

CADET-ROUSSEL.

« Pourquoi voulez-vous me parler de ma mère ?
» Je la connais, hélas ! et bien plus que mon père ! »

La mère ROUSSEL.

Il est tout-à-fait dans le délire.

CADET-ROUSSEL.

« C'est de mes deux garçons qu'il faut m'entretenir.
» Encor emmaillottés ils font tout mon plaisir. »

La mère ROUSSEL.

Mais, mon cher Cadet, i sont à la nourrice.

CADET-ROUSSEL.

« Approchez faible espoir de mon illustre race,
» Ainsi que votre père, allez droit au parnasse ».

B 3

La mère R O U S S E L.

. On voit ben qui déraisonne tout-à-fait : car i n'a jamais joué-
z-au théâtre du Mont-parnasse.

C A D E T - R O U S S E L.

« Dieux ! je vois s'approcher le serpent de l'envie,

» Gare à ma jambe, hélas ! il en veut à ma vie.

» Ciel ! il m'a mordu ! Comme je vais souffrir ;

« Son velin, dans mon sang, déjà se fait sentir.

» Grands Dieux ! que je dois faire une laide grimace.

» Quel horrible tourment ! Non, rien ne le surpasse !

» Un fauteuil à Cadet, car il est sur les dents ».

La mère R O U S S E L.

Tiens, v'la-z-une chaise, mon fils, assis toi.

C A D E T - R O U S S E L, *revenant à lui.*

Ah !.... c'est vous, maman? je ne vous avais pa-t-apperçue.

La mère R O U S S E L.

Pardine ; je l'crois ben. Tu étais dans la crise d'la fièvre.

C A D E T - R O U S S E L.

Oui. J'crois que j'ai-z-un peu battu la campagne. C'est une
preuve que la machine est détraquée. Funeste déclamation ! déplorable mariage, vous vous êtes entendus pour me faire des-
cendre au caveau de mes pères.

La mère R O U S S E L.

I n'faut pas te désespérer.

C A D E T - R O U S S E L.

Oh! mon Dieu! ni, c'est fini. Je sens ma fin qui s'avance.

La mère R O U S S E L.

N'parles pas donc d'ça, Cadet; tu vas me faire pleurer.

Air : *Je croyais ma Belle.*

Conserve à sa mère
O Dieu tout puissant
Un si cher enfant.

C A D E T - R O U S S E L.

Hélas ! ma mère !   bis.

La mère R O U S S E L.

D'un trépas funeste
Détourne le trait.
L'espoir qui me reste
C'est mon cher Cadet.

C A D E T - R O U S S E L.

Hélas ! ma mère !   bis.

La mère ROUSSEL.

Ah ! soit donc sensible
A ma douleur
Et s'il est possible.
Rassure mon cœur.
D'une bonne mère,
Si l'amour te plait,
Daigne à sa prière
Conserver Cadet.

CADET-ROUSSEL.

Hélas ! ma mère !   bis.

La mère ROUSSEL.

J'avais ben raison de dire que tu avais tort de prendre st'école
de déclamation.

CADET-ROUSSEL.

C'est vrai. Ça m'a mis sus les dents. C'est aussi st'e pièce de
Beuglant qui m'a épuisé à force d'crier. Ça m'a cassé totalement
les moyens. Aussi je n'veux plus le voir ni en entendre parler.

La mère ROUSSEL.

Et pourquoi ça ?

CADET-ROUSSEL.

Pouvez-vous me demander ça, ma mère ? Vous devez ben
savoir que sa vue me ferait l'effet d'une scie.

La mère ROUSSEL.

J'lui en veux encore moins qu'à ste coquine d'Manon.

CADET-ROUSSEL.

« *Infandum regina jubes renovare dolorem* ».

La mère ROUSSEL.

Qu'est-ce que tu dis donc-là ?

CADET-ROUSSEL.

Vous ne connaissez pas ça, ma mère. C'est un vers latin tiré
des églogues d'Horace... Ça veut dire, en bon français : Reine,
vous me fendez le cœur avec la douleur. — Mais revenons à
ma perfide moitié : car, malgré toutes ses bamboches, j'ai toujours un faible pour elle. Ce que c'est qu'une première passion !
Qu'est-ce qui aurait jamais dit qu'elle m'planterait là comme un
paquet d'linge sale. Ça prouve plus que jamais la vérité d'la
chanson qu'on chante tous les jours.

Il faut des époux assortis
Pour être heureux dans son ménage ;
Plus d'un mari se trouve pris
Même en suivant cet avis sage.

B 4

On ne croit pas que son objet
Puisse augmenter les infidelles ;
Pauvres maris ! l'amour paraît
Votre honneur s'enfuit sur ses ailes.

Dites donc, maman, avez-vous été chez le notaire?

La mère ROUSSEL.

Oui, mon ami. I doit v'nir dans le courant de la journée.

CADET-ROUSSEL.

Tant mieux. Je serai charmé de mettre ordre à mes affaires : car enfin, j'laisse d'la famille après moi. Deux garçons mâles qui sont en nourrice ; et la tendresse filiale se fait ressentir jusqu'à nos derniers momens.

La mère ROUSSEL.

Pourquoi donc te fourrer ces idées-là dans la tête ?

CADET-ROUSSEL.

Écoutez, maman, je suis tout résigné. Faites-en autant ; ne consommez pas vos jours dans la douleur. Ménagez-les pour les prédécesseurs que je laisse après moi. — On frappe : voyez qui c'est.   (*La mère Roussel sort.*)

La mère ROUSSEL.

J'm'en y vas.

SCÈNE IX.

CADET-ROUSSEL *seul.*

IL est pourtant ben cruel de se voir mourir là comme une lampe à la fleur de son âge. Au milieu de la carrière i faut que j'y descende. Ah ! c'est l'ambition qui m'a perdu. Et, comme dit le proverbe : Tant va la cruche à l'eau qu'à la fin z-elle reste au fond.

SCÈNE X.

CADET-ROUSSEL, LA MÈRE ROUSSEL.

La mère ROUSSEL.

Mon ami, c'est queuqu'un qui voudrait te voir.

CADET-ROUSSEL.

Eh ben, ma mère, faites-le z'entrer.

La mère ROUSSEL.

C'est que ça te f'ra p'tet une révolution.

CADET-ROUSSEL.

Dans ce cas-là, qu'il me laisse mourir paisiblement.

La mère ROUSSEL.

C'est...... le...... citoyen...... Beuglant.

CADET-ROUSSEL.

Dieu ! quel nom venez-vous de prononcer ! il déchire mon oreille. N'm'en parlez pas, j'vous en prie.

La mère ROUSSEL.

Pourtant i voudrait ben t'voir.

CADET-ROUSSEL.

Vient-il pour insulter-z-à sa triste victime ?

La mère ROUSSEL.

Eh ! non : i vient tout bonnement pour se racommander-z-avec toi. Tu n'peux pas te refurer' à ça, Cadet. La rancune ne mène à rien.

Air : *Daignez m'épargner le reste.*

Si tu m'en crois, mon cher ami,
Il faut avoir de l'indulgence.
Celle que l'on a pour autrui
Trouve toujours sa récompense.

CADET-ROUSSEL.

Comment, hélas ! puis-je oublier
La cause de ma mort funeste ?

La mère ROUSSEL.

Songe qu'il est sur l'escalier.
Ah ! faudra-t-il donc qu'il y reste. } bis.

CADET-ROUSSEL.

« De son fâcheux aspect je crains bien la noirceur ;
» Mais la voix de ma mère a parlé dans mon cœur. »
Il suffit. Où est-il ?

La mère ROUSSEL.

Il est sus l'escayer.

CADET-ROUSSEL.

Qu'il entre.

La mère ROUSSEL.

J'm'en vais t'l'amener. (*Elle va à la porte*). Entrez, citoyen Beuglant.

SCENE XI.

LES PRÉCÉDENS; BEUGLANT.

BEUGLANT, *à la mère Roussel.*

» **D**AIGNEZ guider mes pas vers l'ami généreux,
» Qu'avec tant de plaisir je revois en ces lieux.

Ah! mon cher Cadet, je brûlais de vous voir, de vous embrasser. (*Il se jette sur Roussel, et l'embrasse*).

La mère ROUSSEL.

Prenez donc garde, vous allez l'étouffer.

CADET-ROUSSEL.

N'ayez pas peur, ma mère : les étreintes de l'amitié n'sont jamais dangereuses. Eh! bien, citoyen Beuglant, vous voyez l'état déplorable où j'me suis mis pour faire valoir vos pièces.

BEUGLANT.

J'en suis déserpéré : c'est un grand malheur de sentir si fortement.

CADET-ROUSSEL.

V'à comme j'suis. Quand une fois j'suis hors des gonds, n'ia plus moyen de m'y faire rentrer. Vous avez même vu, dans les leçons de déclamation, que j'donnais à mes élèves, j'leur criais à tout moment : Chaud, chaud.

La mère ROUSSEL.

Oh! de ce côté-là, il tient d'sa mère.

BEUGLANT.

Il est vrai qu'il a l'ame brûlante.

CADET-ROUSSEL.

Et ben, cette chaleur-là va bentôt se confondre avec le froid d'la mort.

BEUGLANT.

Ne croyez donc pas cela, mon ami : ne croyez donc pas cela.

La mère ROUSSEL.

C'est ce que j'i dis. —— Ah! citoyen Beuglant, que vous devez vous reprocher d'lui avoir fait jouer la tragédie.

BEUGLANT.

Ecoutez mère Roussel; ce n'est pas la seule cause de la maladie de votre fils; le divorce de sa femme y a beaucoup contribué.

CADET-ROUSSEL.

Ah! j'avoue d'abord que ça été pour moi un coup de poignard. V'là ce que c'est que d'avoir introduit cet immoral de Blanchet dans ma maison. Comme i jouait un rôle conséquent dans vot' pièce, j'n'ai pas voulu le renvoyer; et vous voyez qui m'en a cuit.

La mère ROUSSEL.

A-propos, vous n'savez pas, citoyen Beuglant?

BEUGLANT.

Q'est-ce que c'est mère Roussel?

La mère ROUSSEL.

L'médecin d'Cadet n'm'a-t-il pas dit c'matin que vot' trageudie était une parade.

BEUGLANT.

Petit Esculape! il lui sied bien de ravaler ainsi le talent.

CADET-ROUSSEL.

Allons, mà mère, vous avez ben affaire de nous redire ça.
Vous voyez ben que c'médecin parle de la pièce du citoyen
Beuglant comme de la drogue.

SCENE XII.

LES PRÉCÉDENS; DORVILLE, Clerc de notaire.

DORVILLE.

N'EST-CE pas ici la demeure du citoyen Cadet-Roussel.

CADET-ROUSSEL.

Oui, citoyen.

La mère ROUSSEL.

Vous v'nez d'la part du citoyen Bonnefoi, notaire.

DORVILLE.

Oui, je viens pour un testament.

CADET-ROUSSEL.

C'est le mien.

DORVILLE.

Je suis à vos ordres.

CADET-ROUSSEL.

Vous êtes bien honnête, certainement. Ma mère, approchez
la table et une chaise. — Je suis charmé, mon cher Beuglant,
que vous vous trouviez ici pour entendre mes dernières vo-
lontés. D'ailleurs j'ai une prière à vous faire que vous ne me
refuserez pas.

BEUGLANT.

Comment ? trop heureux de pouvoir répondre aux marques
d'amitié que vous voudrez bien me donner

DORVILLE.

Nous commencerons quand il vous plaira.

CADET-ROUSSEL.

Tout à l'heure, citoyen, il ne faut pas vous faire attendre. —
Ma mère, je crains que ça n'vous fasse d'la peine ; passez dans
le cabinet.

La mère ROUSSEL.

Non, je ne te quitterai pas. Tu n'aurais qu'à-z-avoir besoin
d'queuque chose.

CADET-ROUSSEL.

Allons, puisque vous vous en sentez le courage, restez. —
Ecrivez, citoyen. — Il dicte. — « Je recommande mon nom
» à la postérité. »

B E U G L A N T.

Oh ! il y passera. C'est moi qui vous en réponds.

D O R V I L L E, *à part.*

Pour la honte du goût.

C A D E T - R O U S S E L.

C'est égal. Cette recommandation n'y f'ra pas d'tort. « Je
» remercie...... Je remercie...... » Comment s'appellent ceux qui
vivent à présent ?

B E U G L A N T.

Contemporains.

C A D E T - R O U S S E L.

Contemporains. Ah, bon...... « Je remercie mes contempo-
» rains de l'accueil qu'ils m'ont fait...... »

D O R V I L L E, *à part.*

Ce qui ne prouve pas en leur faveur.

C A D E T - R O U S S E L.

« Et d'avoir négligé Molière pour venir m'applaudir. »

D O R V I L L E, *à part.*

N'est-il pas affligeant d'avoir à écrire de pareilles sottises ?

C A D E T - R O U S S E L.

Cet article-ci vous regarde, citoyen Beuglant. « Je desire
» qu'on imprime les différentes pièces où l'on m'a vu, et que
» des exemplaires en soient déposés à la bibliothèque des
» Quinze-Vingts. »

D O R V I L L E, *à part.*

C'est bien là leur place.

B E U G L A N T.

Vous serez satisfait, mon ami, elles font déjà gémir la presse.

C A D E T - R O U S S E L.

« Je lègue au Muséum mes habits tragiques pour y servir
» de modèles aux artistes. »

La mère R O U S S E L.

Y pense-tu, Cadet ? i vaut ben mieux les vendre ; l'argent
qu'on en aura servira à l'éducation de tes enfans.

C A D E T - R O U S S E L.

Vous avez raison, ma mère, l'intérêt l'emporte sur l'amour
de l'art. C'est dit, vous les étalerez à vot' boutique au marché
des Innocens. Il s'en présentera peut-être, qui, pleins de respect
pour ma dépouille, en donneront un prix honnête et avantageux.

La mère R O U S S E L.

A la bonne heure.

C A D E T - R O U S S E L.

« Pour prouver au citoyen Beuglant que j'n'ai point de ran-
» cune contre lui, et que j'oublie qu'il est en partie cause de ma

» mort, je lui lègue mon plat à barbe et mes rasoirs, et le mor-
» ceau d'savon qui pourra se trouver de reste ».

B E U G L A N T.
Je n'oublierai de ma vie cette preuve de considération.

C A D E T - R O U S S E L.
Ça f'ra que toutes les fois que vous vous raserez, ou qu'on vous
rasera, vous vous rappellerez de Cadet-Roussel.

B E U G L A N T.
Oui, oui, je m'en rappellerez.

C A D E T - R O U S S E L.
« De plus, je l'établis tuteur de mes deux enfans mâles....
» Mes enfans!.... fruit malheureux d'un amour plus malheu-
» reux encore.... Ma mère, conduisez-moi-z-à ma supente,
» car je tombe en *défayance* ».

La mère R O U S S E L.
Tu te trouves mal, mon ami ? Viens-t-en vîte te coucher.

C A D E T - R O U S S E L *en s'en allant*
Voilà toujours le principal ; le reste est arbitraire.

D O R V I L L E.
Oh! mon Dieu, cela suffit.

B E U G L A N T.
Sans doute le citoyen devine le reste.

S C E N E X I V.

D O R V I L L E, B E U G L A N T.

B E U G L A N T.
C'EST une bien triste chose qu'un testament.

D O R V I L L E.
C'est selon. Par exemple, vous ne le croiriez pas ; celui de
Cadet-Roussel m'inspire la gaîté.

B E U G L A N T.
Comment donc ?

D O R V I L L E.
Ah ! c'est que voici comme je pense.

Air *Du Serein qui te fait envie.*
Un testament, selon l'usage
Annonce qu'on touche à sa fin ;
Celui-ci m'est un doux présage
Que le goût va renaître enfin.

Un instant l'aveugle folie
Aux Roussels donna du succès.
Il n'en est plus que pour Thalie ,
Son temple est ouvert aux français.   *bis.*

BEUGLANT.

Belle prédiction !

DORVILLE.

Qui s'accomplira.

BEUGLANT.

Vous croyez cela ?

DORVILLE.

Ce serait leur faire injure que d'en douter.

La mère **ROUSSEL** , *dans la coulisse.*

Ah ! mon Dieu ! que je suis malheureuse ! mon cher fils ! mon cher Cadet !

SCENE XV.

LES PRÉCÉDENS; LA MÈRE ROUSSEL.

BEUGLANT.

Est-ce qu'il se trouve plus mal ?

La mère **ROUSSEL.**

I n'souffre pus, l'pauve garçon.

BEUGLANT.

Vous m'effrayez.

La mère **ROUSSEL.**

I vient d'rendre l'dernier soupir.

BEUGLANT.

Ciel ! est-il possible !

DORVILLE, *à part.*

Quelle affliction pour ses partisans !

BEUGLANT.

O mère infortunée ! Dieu ! elle se trouve mal.

DORVILLE.

Tenez, voilà de l'eau de Cologne. Faites-lui en respirer.

(*Beuglant prend le flacon et l'approche de la mère.*)

SCENE XVI ET DERNIERE.

LES PRECÉDENS; GRIGNAC.

GRIGNAC.

SERVITUR à la compagnie. Jé biens pour saboir des noubelles dé Cadet-Roussel.

BEUGLANT.

Chut!.... chut!

GRIGNAC.

Qu'est-ce donc? la mère Roussel ébanouie!

DORVILLE.

Son fils vient de mourir.

GRIGNAC.

Source dé la Garonne! qué me dites-bous.

BEUGLANT.

Hélas! il n'est que trop vrai.

La mère ROUSSEL, *revenant à elle.*

Ah!....

BEUGLANT.

Eh bien! cela va-t-il mieux?

La mère ROUSSEL.

Ah! mon cher citoyen Beuglant, vous voyez une mère au désespoir.

DORVILLE.

Il faut vous faire une raison, mère Roussel.

BEUGLANT.

Sans doute, il faut prendre sur vous ...

GRIGNAC.

Sandis, céla est vien aisé à dire. Mais une mère est toujours mère.

La mère ROUSSEL.

Et son enterrement?

BEUGLANT.

Soyez tranquille. S s élèves s'empresseront de se cottiser pour donner de la pompe aux funérailles de leur professeur.

GRIGNAC.

Comment donc ? Cadédis , c'est vien la moindre chose que
l'on doit à Cadet-Roussel.

Air du vaudeville de l'Officier de fortune.

Si jeune encor perdre la vie
Entouré d'un succès vrillant.
C'est un tour, une perfidie
Qui ba réculer mon talent.

DORVILLE.

Mais c'est pour vous un avantage :
Profitez de cet ACCIDENT.
Pour réformer votre langage ,
Et pour corriger VOTRE ACCENT.　　bis.

GRIGNAC.

Eh ! qué diavle bous demande botre abis ?

BEUGLANT.

Hélas ! que deviendra ma muse
Si célèbre par cet acteur,
Qui me servit souvent d'excuse
Auprès du parterre en rumeur.

DORVILLE.

Vous gagnerez à son estime.
Même je vous prédis tout bas
Des succès dans la pantomime
Car on ne vous entendra pas.　　} bis.

BEUGLANT.

Ah ! quel homme avec ses prédictions !

DORVILLE, *au public.*

A l'auteur, ce léger ouvrage,
Fut dicté par le seul desir.
De voir le français rendre hommage
Aux pièces que l'on doit applaudir.
Trop heureux si par sa critique,
De Cadet-Roussel professeur ,
On quittait l'École tragique,
Pour voir l'avare ou l'Imposteur.　　} bis.

FIN.